LE SABRE!

2384

LE SABRE!

BRUXELLES

IMPRIMERIE DE COMBE ET VANDE WEGHE

15, PLACE DE LA VIEILLE-HALLE-AUX-BLÉS, 15

1871

LE SABRE!

I

La guerre est à peine finie, — et partout on arme déjà.

L'Europe se hérisse de baïonnettes; avant peu elle ne sera plus qu'un vaste camp, où tout homme valide portera le fusil et où il n'y aura plus d'autre loi que la discipline. Quel avenir!

Grands et petits États sont entraînés sur la même pente, — et il n'est pas jusqu'à la Belgique qui ne rêve de mettre de grosses armées sur pied.

La grenouille s'enfla si bien qu'elle creva, dit la fable. Dieu veuille que la pauvre Belgique, qui s'enfle dans l'espoir de ne pas paraître trop chétive à côté des grands bœufs de Prusse et de France, n'ait pas à regretter le temps où elle se contentait d'une petite armée, largement suffisante pour faire respecter sa neutralité!

Il était permis de croire, qu'au sortir de cette crise, qui a vu de si épouvantables désastres, qui a rempli la moitié de l'Europe de ruines et de deuils, qui a décimé toute une génération, qui a tout ébranlé autour d'eux, les peuples ouvriraient enfin les yeux, qu'ils maudiraient la folie militaire, qu'ils ne songeraient qu'à établir solidement une paix achetée au prix de si grands malheurs.

Illusion !

Les peuples, frappés de je ne sais quel vertige, ne rêvent plus que combats, canons et plumets ; ils laissent les gouvernements préparer à leur aise de nouvelles hécatombes.

Si vis pacem, para bellum, répètent bravement les érudits... Hélas ! On ne sait pas combien cette phrase latine a déjà fait de mal à l'humanité. Et combien lui en fera-t-elle encore ?

L'expérience historique, qui ne parle pas latin, enseigne au contraire qu'en préparant la guerre, on n'a jamais voulu que la guerre.

D'ailleurs le simple bon sens le dit assez clairement.

Mettez au bourgeois le plus inoffensif un sabre au côté, il deviendra vite un foudre de guerre. Donnez des fusils au peuple le plus pacifique ; rompez-lui la tête du bruit des tambours, des trompettes, de la musique militaire ; il demandera qu'on le conduise à l'ennemi, — n'importe quel ennemi...

Voulez-vous un autre exemple ?

Allez mettre deux fortes cannes aux mains de deux amateurs de littérature grasse, en train de discuter, avec le calme serein qui convient à ce genre de questions, la supériorité de Paul de Kock sur Pigault-Lebrun ; expliquez-leur bien que ce n'est nullement dans l'intention de les pousser aux voies de fait, mais uniquement dans l'intention de maintenir entre eux la bonne harmonie, en appliquant dans un but tout à fait pacifique le *para bellum* du latin ; il y a gros à parier qu'au bout de dix minutes, ils se casseront leurs cannes sur le dos, pour la plus grande gloire de Paul de Kock et de Pigault-Lebrun.

J'ai entendu, quand la guerre était encore à son début, de braves gens s'étonner que les populations de France et d'Allemagne n'eussent pas répondu par un « non » catégorique, à l'appel de leurs souverains, qui les invitaient à se faire gaiement massacrer.

Mais ces populations se trouvaient précisément dans la situation des deux amateurs de littérature grasse.

Sans se détester, sans avoir des sujets de querelle sérieux, elles brûlaient d'envie de se casser les reins. Le bois vert, dont on les avait armées dans les intentions les plus pacifiques du monde en apparence, leur démangeait dans les mains, et elles ne cherchaient qu'un prétexte, bon ou mauvais, d'en faire usage.

―――

On dit maintenant : C'est Bismarck ; c'est Napoléon, — absolument comme on disait à une autre époque : C'est la faute à Rousseau ; c'est la faute à Voltaire !

Napoléon et Bismarck ont bon dos.

Dieu me garde de paraître prendre la défense de l'aventurier repoussant, qui, après avoir conduit la France au bord de l'abîme, a fait, dans le désastre de Sedan, une fin si honteuse !

Mais il faut bien le dire pourtant ; si l'Empire a fait la guerre, c'est que la France désirait la guerre.

Sinon la France tranquille des départements, du moins la France bruyante qui fait l'opinion publique, et qui fait aussi les révolutions.

L'armée en tous cas la réclamait impérieusement ; et les hésitations de Napoléon avaient semé dans ses rangs une désaffection que le plébiscite a montrée, plus menaçante et plus générale qu'on ne le supposait. Il fallait absolument contenter les baïonnettes, il y allait de l'avenir de la dynastie.

La police pour tout faire que l'Empire avait à ses ordres, a contribué, il est vrai, à allumer l'enthousiasme parisien. Mais la besogne n'a pas été difficile.

La guerre contre la Prusse était populaire ; depuis Sadowa, la nation française se croyait blessée dans son honneur militaire. On faisait un reproche au gouvernement de ne pas l'avoir faite plus tôt, et s'il l'eût indéfiniment reculée, il eût perdu, aux yeux de la foule, le grossier prestige qu'il avait su gagner.

C'est si vrai que, quand elle a été officiellement déclarée, aucune voix ne s'est élevée pour la condamner, sauf peut-être deux ou trois voix ignorées que le bruit a étouffées.

M. Thiers lui-même, dans son fameux discours, n'a trouvé qu'un reproche à faire à l'Empire, c'est d'engager la partie sans avoir mis les atouts dans son jeu, et de courir les chances d'une lutte inégale, au lieu d'attendre une meilleure occasion, qui lui permît d'accoupler à coup sûr gloire et victoire.

Et c'est en réalité la seule chose dont les Français puissent en conscience faire un crime à l'Empire.

La guerre, ils l'ont voulue.

Et à cette heure, ils en rêvent une nouvelle.

Une ou plusieurs... Contre la Prusse certainement. Contre l'Italie, peut-être...

Et pourtant la France devrait être guérie des rêves militaires. Elle a pu apprendre, depuis un siècle et demi, ce que coûte la gloire des armes. Mais elle ne veut rien apprendre.

Depuis les grandes guerres de Louis XIV, qui eut, le premier en France, de grandes armées permanentes à occuper, et qui laissa le pays ruiné, abattu par une longue suite de défaites, sans argent, sans force et sans prestige, que de leçons!

Ce sont les armées victorieuses d'Italie et d'Égypte, qui étouffent la République et établissent le despotisme impérial, ce sont les armées de l'Empire, qui, pliant un beau jour sous le poids des lauriers et des fatigues, ramènent à leur suite l'invasion et la Sainte-Alliance; ce sont les soldats du coup d'État, qui, après avoir mis sur le pavois le héros grotesque de Strasbourg et de Boulogne, qui après avoir imposé ce régime de hontes et de brigandages, ouvrent aux Prussiens les portes de la France... Sait-on ce que feront demain les soldats qui viennent à Paris d'assurer le triomphe de la légalité, de la civilisation, de la justice! sait-on s'ils ne restaureront pas l'Empire et ses aigles déplumés?

Et la France croit encore aux plumets, aux grandes moustaches! Il lui faut une foi bien robuste...

Mais de quoi s'étonner, quand on voit l'Allemagne, la sage, la savante, la raisonnable Allemagne, se jeter, tête baissée, dans les mêmes folies.

La Prusse a voulu être attaquée. Ce n'était qu'une manœuvre habile destinée à réchauffer l'ardeur belliqueuse des tièdes, à prêter aux ambitions du futur empereur l'appui des excitations patriotiques. Bismarck a plus d'un tour de ce genre dans son sac...

La guerre n'en était pas moins décidée et préparée de longue date.

Il y a vingt ans, les jeunes officiers de l'état-major prussien, que la campagne de 1870 a trouvés généraux, l'annonçaient déjà aux Français qu'ils rencontraient à Berlin, et étudiaient sous leurs yeux, les cartes des environs de Paris.

La population allemande n'est pas belliqueuse de sa nature; elle a l'esprit trop positif, pour se laisser éblouir par des panaches; elle est trop bonne musicienne, pour se laisser transporter par les fanfares militaires.

Mais elle a appris, dans les écoles obligatoires, l'obéissance, le respect de la loi et de la hiérarchie. On lui dit de faire l'exercice, elle fait l'exercice; on lui dit de marcher à l'ennemi, elle marche à l'ennemi.

De la nation la moins militaire du monde, on est parvenu, grâce à cette merveilleuse docilité de caractère, à faire un peuple de soldats. On lui a appris, pendant vingt ans, qu'un jour elle devrait en venir aux mains avec la France. Le jour où l'événement est arrivé, elle s'est trouvée prête à marcher; elle n'a pas même eu de surprise. C'était attendu...

Au surplus, les provocations, les fureurs de la France ont,

à la dernière heure, transporté de colère l'Allemagne entière ; elles ont surexcité au delà du Rhin le sentiment patriotique et unitaire ; elles ont donné à la défense le caractère d'une croisade sainte.

Mais il n'en est pas moins vrai que la guerre se faisait sans cause sérieuse, qu'elle n'avait ni l'excuse d'un grand intérêt politique, ni l'excuse d'une haine nationale, — qu'elle se faisait uniquement, parce que des deux côtés du Rhin, elle était voulue par le parti militaire, — parce qu'en France, le parti militaire, qui avait fait l'Empire et qui aurait pu le défaire, s'il l'avait voulu, faisait obéir à ses désirs l'aventurier couronné, intéressé à sauver sa dynastie aux dépens du pays, — parce qu'en Prusse, le parti militaire trouvait un appui dans les ambitions de la cour et dans la docilité du peuple, dont la volonté avait été adroitement brisée sous le joug de la discipline militaire.

―――

Ah ! elle a été belle, la guerre ! Et nous devons de la reconnaissance au militarisme !

On a vu dans ces derniers siècles de grandes luttes ; mais jamais on n'a vu deux peuples se ruer l'un contre l'autre avec une pareille rage ; jamais l'art de la destruction, perfectionné et poussé à ses dernières limites, n'a causé de pareils ravages ; jamais on n'a vu autant de ruines, autant de massacres, autant de sauvageries de toute espèce. Pendant six grands mois, le sang a continuellement coulé à flots...

Nous avons pu nous convaincre, au spectacle de ces horreurs, que nous ne sommes décidément pas aussi loin de la bête féroce que nous nous plaisions à le croire, dans notre petite vanité de gens qui se disent civilisés. Il a suffi de gratter un peu, le carnassier a tout de suite reparu.

Les villes incendiées, les campagnes dévastées, le meurtre et le pillage passés à l'état de lois; partout, la civilisation et ses merveilles détruites par le canon...

Nous pouvions bien en être si fiers de notre civilisation! Avec quel mépris nous parlions, il y a un an encore, des siècles de barbarie, où l'on détruisait tout, où l'on s'égorgeait, et avec quel orgueil nous constations les progrès faits par les idées humanitaires!

Hélas! Que reste-t-il de tout cela? Rien, plus rien...

Tout est oublié; et l'on ne songe plus qu'à se préparer à de nouveaux massacres.

———

La pitié s'est émoussée aujourd'hui, et l'on ne s'émeut plus. Mais au commencement, il y a eu, parmi les spectateurs de ce drame affreux, des cris d'indignation et d'horreur.

Beaucoup se supposaient le jouet d'un rêve affreux, et refusaient de croire à ce qu'ils voyaient. Bonnes âmes qui s'étaient imaginées qu'au dix-neuvième siècle, on ne pourrait plus faire la guerre que selon les règles de la civilisation puérile et honnête, et qu'on ne massacrerait plus qu'avec tous les égards d'une sage humanité!

O naïfs! Réunir sous le même bonnet la guerre avec la civilisation et l'humanité!

Mais le jour où nous serons sérieusement civilisés, le jour où notre *humanitarisme*, — c'est le mot, — ne sera pas seulement un grossier vernis qui s'écaille et qui tombe sous une chiquenaude, mais ce jour-là, la guerre ne changera pas d'aspect, la guerre n'existera plus ; et quand des gens à couronne viendront nous démontrer la nécessité de nous casser la tête entre braves gens, nous leur rirons au nez !

Un homme à qui on met un fusil en main, en lui disant : Défendez votre vie ! devient une bête féroce et ne peut être qu'une bête féroce.

On ne reproche pas, n'est-ce pas, aux tigres et aux lions de manquer de savoir-vivre envers les voyageurs dont ils font leurs repas ?

La guerre, c'est la sauvagerie...

Tuer, pour ne pas être tué...

Incendier, parce que chaque maison, chaque cabane, chaque mur peut devenir un rempart d'où l'on vous envoie la mort...

Fusiller, parce que tout vieillard, toute femme, tout enfant est un ennemi, qui, s'il n'a pas la force de combattre, vous hait et vous trahira...

Détruire, parce qu'il faut venger des frères, parce qu'on n'écoute que la rage...

Voilà les jeux du militarisme.

Et que produisent-ils ?

Où en sont la France et l'Allemagne après cette crise sanglante ?

La France, comme François Ier après Pavie, a tout perdu fors l'honneur. Elle est épuisée d'hommes et d'argent. Elle n'a plus ni commerce, ni industrie ; elle n'a plus d'autre prestige que celui du malheur. Il lui faudra un demi-siècle au moins pour reconquérir son rang, sa fortune, tout ce qui en avait fait, pendant de longues années, la première nation du continent.

Elle subit à son tour la dure loi commune à tous les vaincus.

L'Allemagne victorieuse, qu'a-t-elle?

Elle a ses lauriers ; elle a sur la France une créance de plusieurs milliards ; le roi Guillaume a ceint la couronne impériale ; Bismarck est prince...

Mais l'Allemagne a laissé sur les champs de bataille, dans les tranchées, dans les ambulances, cent treize mille de ses enfants, le plus vigoureux, le plus jeune, le meilleur de son sang...

Mais pendant une demi-année, et plus, les affaires se sont trouvées complétement arrêtées ; les pertes que le commerce, que l'industrie nationales ont faites, les milliards de la France, à peine suffisants pour solder les frais de la guerre, ne les payeront pas...

Oui, l'Allemagne a gagné quelque chose... Deux provinces ruinées, hostiles, qui ne lui donneront ni un sou vaillant, ni un citoyen dévoué, dont la possession sera une source d'embarras et de sacrifices continuels, et au sujet desquelles il faudra un jour ou l'autre soutenir une nouvelle guerre.

Et, pour ce mince avantage, elle fait un pas en arrière qui la recule d'un siècle ; elle se laisse docilement ramener aux beaux jours de la féodalité et du droit divin.

Où est-elle aujourd'hui cette Allemagne qui avait pris la tête de la civilisation, le jour où la France, aveuglée par son propre éclat, s'était arrêtée dans sa marche, pour ne plus vivre que de ses souvenirs, cette Allemagne sur laquelle tous les penseurs, tous les savants avaient les yeux fixés?

C'est d'elle qu'on attendait le mouvement démocratique, qui devait, sans secousses et sans incendies, régénérer l'Europe.

Il est bien question aujourd'hui de démocratie...

On ne trouve même plus de traces de la petite opposition libérale, qui, il y a quelques années, a si énergiquement tenu tête au premier ministre.

Il ne reste plus qu'un seul opposant, un seul, le docteur Jacoby. Il a été emprisonné, aux applaudissements du populaire.

Bismarck, en qui la Prusse a vu longtemps le pire de tous les tyrans, qui a été le plus détesté de tous les ministres, est maintenant acclamé et mis au rang des demi-dieux.

La landwehr, qui se mutinait en 1866, porte le fusil avec enthousiasme.

L'Allemagne ne pense plus; elle fait l'exercice et marche au pas, au son du fifre et du tambour.

Elle avait livré au comte de Moltke des citoyens; il lui a rendu des soldats.

Un ex-sujet du glorieux roi Guillaume, dont la grâce littéraire a fait un Parisien, sans lui enlever l'amour et la connaissance du pays natal, — j'ai nommé Albert Wolff, — vient de jeter dans le monde, un ouvrage qui apprécie les événements avec beaucoup d'impartialité et de bon sens. J'y ai trouvé un tableau frappant de la Prusse de l'an prochain. *Quantum mutata ab illa!...* Je copie :

« L'Allemagne, menacée non-seulement par la douleur
« française, mais encore par la jalousie des autres nations,
« payera ses victoires par des inquiétudes incessantes qui
« mineront sa prospérité. L'Empire allemand, créé par la
« force, ne pourra se maintenir que par le développement
« toujours croissant de son organisation militaire. L'industrie
« se réfugiera toute tremblante sous l'épaulette de M. de
« Moltke; le commerce, anxieux des éventualités, payera de
« grand cœur tous les impôts militaires, si écrasants qu'ils
« soient, pourvu que l'armée reste à la hauteur des événe-
« ments futurs. Avec les troupes victorieuses, le chauvinisme
« impérial, conquis en France avec le reste, fera son entrée
« dans toutes les villes de garnison; ce qui reste de princes
« de l'ancienne confédération germanique régnera sous la
« surveillance de l'Empereur comme sur le pied guerrier.
« Depuis les Alpes jusqu'à la Baltique, les peuples contem-
« pleront d'un œil attendri les généraux que la guerre a mis
« en évidence; la poésie allemande, renonçant aux qualités
« qui firent sa gloire, se contentera d'épopées et de can-
« tates; la musique allemande s'absorbera dans les marches
« militaires; les arts seront consacrés à l'apothéose du sol-
« dat, et les nobles travaux de la pensée pèseront moins
« qu'un ordre du jour. Le militarisme, sauvegarde de la

« fortune, de l'industrie et du commerce, dominera tout,
« réglera tout, enflammera tous les cœurs et conquerra toutes
« les sympathies. »

Hélas! Le portrait n'est déjà que trop ressemblant... L'Allemagne victorieuse est en proie à un chauvinisme plus ardent que ne l'a jamais été le chauvinisme français. Chez les animaux malades de la peste, si tous étaient frappés, tous ne succombaient pas ; et ici l'on voit succomber ceux même que le talent, l'intelligence, le savoir devaient mettre à l'abri de ces épidémies. Wagner, devenu maître de la chapelle impériale, fait des marches triomphales, — en attendant les pas redoublés !

Il faut lire les journaux d'outre-Rhin pour se faire une idée de ce déraillement de l'esprit public ; il faut lire les livres, voir les publications illustrées, les caricatures surtout.

C'est la Prusse du grand Frédéric, — moins Voltaire et Sans-Souci.

Avant deux ans, grâce à l'alliance intime du sabre et du parti féodal, — un parti féodal en 1871 ! — c'est à Barberousse qu'on en sera.

S'il est toujours vrai que ce soit de l'Allemagne que doive nous venir la lumière politique, elle ne viendra plus avant qu'un siècle entier ne soit écoulé, avant que le bon sens n'ait eu le temps d'avoir raison du militarisme, ou qu'une révolution n'ait balayé l'empire et la féodalité.

Ah! si la France voulait!...... Elle tient sa revanche en main, et une revanche bien plus sûre que celle que peut lui promettre une nouvelle guerre.

La Prusse ne se laissera pas prendre sans vert. Elle aura soin, avant que la France ait pu se reconstituer, d'augmenter encore sa puissance militaire ; elle se présentera à la lutte dans dix ans, plus formidable encore qu'elle ne l'était en 1870.

Qu'on la laisse donc s'endormir dans son armure féodale ; qu'on la laisse donc faire en paix des rêves de gloire, et user dans l'inaction son bruyant militarisme.

La France a un bien plus beau rôle à remplir que de la suivre, blessée et boiteuse, dans cette voie bordée de casse-cous. Elle a assez de gloire militaire dans son passé pour s'en priver dorénavant. Si elle est vraiment forte, si elle se tient parole et si elle est sérieusement décidée à redevenir la grande nation, elle oubliera Austerlitz, elle se souviendra de quatre-vingt-neuf. Elle appellera à elle toutes les intelligences que le bruit du canon et du tambour ont éloignées de l'Allemagne; elle prendra la direction du mouvement libéral et civilisateur, et, dans dix ans, elle jettera au delà du Rhin, non pas des bataillons qu'une mitrailleuse suffit à détruire, mais des idées, — des idées contre lesquelles la science stratégique du comte de Moltke et la froide intrépidité du soldat prussien ne pourront rien, et qui iront sûrement jusque dans Berlin ébranler l'empire militaire fondé à Versailles.

Elle ouvrira dans son sein un refuge à la civilisation, — je parle de la vraie civilisation et non de cette corruption savante qui en prend le nom, — et elle la sauvera de la triste nécessité de devoir remonter au ciel, — comme la Vertu, —

faute d'un abri sur cette terre. Plus tard, guérie elle-même du chauvinisme, ce mal qui la tuait et que la Prusse lui a enlevé en même temps que ses provinces pour se l'inoculer, elle demandera au progrès sa revanche et une nouvelle gloire, bien plus sûre, bien plus enviable que l'ancienne...

Ce n'est pas l'avis des généraux. Naturellement. M. Josse, qui était orfévre, ne trouvait rien au monde qui fût digne d'être comparé à l'orfévrerie...

Mais demandez l'avis des hommes qu'on a arrachés à leur famille dont ils étaient le soutien, et qui ont dû la laisser sans pain; demandez l'avis des jeunes gens, des enfants qu'on a enlevés au foyer domestique pour les envoyer braver la mort; demandez l'avis de tous les parents, de toutes les femmes, de tous les enfants qui ont passé de longs mois dans de mortelles douleurs, dans le besoin souvent, et dont beaucoup ont succombé à cette dure épreuve...

Les morts ne parlent pas, — heureusement pour les conquérants.

Si les morts pouvaient parler, depuis longtemps les peuples auraient pris la guerre en haine.

Mais les blessés, condamnés par d'horribles mutilations à une agonie qui dure la vie entière, parlent!

Mais les veuves et les orphelins parlent!

Mais les mères, qui pleurent leurs fils, parlent!

Mais tous ceux que cette maudite guerre a ruinés, tous

ceux à qui elle a fait une existence de larmes et de désespoir, parlent !

———

Demandez-leur donc ce qu'ils pensent du militarisme, de la nécessité de développer les rêves de sabre et de plumet !

Les officiers ont des grades, des honneurs, des dotations qui les récompensent de leur courage, de leurs fatigues, de leurs dangers.

Aux soldats on offre des médailles de bronze, — ou bien une colonne collective qu'ils ont la permission de contempler avec fierté.

La gloire toute pure...

Une gloire intime qui ne dépassera jamais un petit cercle de famille ou une table de cabaret, qui tiendra tout entière dans une demi-douzaine de récits éternellement recommencés, au coin du feu, pendant les longues soirées d'hiver...

Il faut bien que les soldats racontent eux-mêmes leurs prouesses ; qui se donnerait la peine de les raconter ? Les journaux qui distribuent la célébrité par portions au jour le jour, et les livres, qui la donnent en bloc, sont encombrés par les généraux et n'ont pas de place à donner aux épaulettes de laine.

Dans l'armée, la gloire se mesure au grade ; c'est la hiérarchie qui sert d'échelle métrique...

Nous avons tous vu faire des héros, de généraux qui, pour obéir uniquement au point d'honneur militaire, sans aucune nécessité pour le salut du pays, sacrifiaient des villes, des populations et des armées entières.

Un jour arrivait où, après une longue résistance, quand le dernier morceau de pain était mangé, le dernier soldat tué, la dernière maison incendiée, fier d'avoir satisfait à l'honneur, le glorieux défenseur sortait de la place, à la tête de son état-major, et allait dîner à la table du vainqueur... L'honneur était sauf!

Et pendant que les habitants de la ville livrée, plus héroïques dans leur patriotique résignation que d'autres dans leur courage théâtral, souffraient la faim, la misère, et assistaient agonisants à leur ruine, le monde militaire criait bravo, et le public, vrai mouton de Panurge, entendant applaudir, applaudissait de confiance.

Et personne ne pensait à ces pauvres soldats qu'on était venu prendre chez eux, qu'on avait mis sur un rempart, l'arme au bras, et à qui l'on avait dit : Faites-vous tuer!

Ils savaient bien que s'ils échappaient aux boulets et s'ils avaient la chance de vivre jusqu'au jour où l'on se rendrait, ils ne trouveraient pas, eux, une captivité ornée de cuisiniers, d'honneurs militaires et de visites princières...

Ils savaient bien qu'ils seraient enterrés dans la fosse commune, que personne ne connaîtrait jamais ni leurs noms, ni leurs traits, et que, laissés en dehors de la question d'honneur, apanage exclusif du général, ils n'auraient pas la suprême consolation de la gloire.

La patrie, pour ces pauvres paysans ignorants, c'était le foyer, c'était la famille à laquelle on les avait arrachés.

Ils ne pouvaient haïr l'ennemi. Ils ne le connaissaient pas avant de l'avoir mis en joue.

Et ils marchaient à la mort, courageux et résignés...

Tout simplement parce qu'on leur avait dit de marcher.

Parce qu'un officier leur avait crié un commandement dont ils n'avaient peut-être pas compris le sens, — ils se faisaient tuer.

Eh bien, pour moi, voilà les héros !

La réaction contre les idées militaires ne peut manquer d'éclater un jour ; mais combien de temps tardera-t-elle encore ?

Si elle était prochaine, elle eût donné signe de vie, le jour où M. Thiers a voulu passer en revue, à côté des ruines fumantes de Paris, sous les yeux des veuves et des orphelins, l'armée qui venait de verser le sang français et de remplir un de ces tristes devoirs qui veulent un crêpe au drapeau, le jour où défilaient dans les rues de Berlin, les bataillons triomphants du nouvel empereur, salués par les acclamations frénétiques d'un peuple enivré d'enthousiasme guerrier !

L'Allemagne n'a pas reconnu dans cette promenade triomphale le cortége de mort qui menait gaiement au tombeau ses libertés, sa gloire intellectuelle et artistique, sa civilisation. Elle n'a pas vu, par-dessus les casques brillants et les baïonnettes qui scintillaient au soleil, défiler, silencieuse et menaçante, l'innombrable armée des spectres venus de tous les champs de bataille pour prendre leur part du triomphe. Elle n'a pas entendu, par-dessus les fanfares, le bruit des sanglots, et au milieu des vivats, pas un cri de douleur ne s'est élevé...

Le militarisme triomphe des deux côtés du Rhin ! Gloire au sabre ! Le sabre est grand ! La sabre est Dieu !

Il y a moins d'un an, quand la toile s'est levée et que le drame a commencé, on disait partout : — Haine au sabre ! Il joue son dernier rôle ; et ceci le tuera !

S'il n'en mourait pas tout de suite, on se promettait bien de l'achever.

Et maintenant on lui élève des piédestaux !

Quelles gens sommes-nous donc, et quelle folie est la nôtre ?

Nous l'avons vu à l'ouvrage cent fois plus cruel, cent fois plus barbare, cent fois plus sauvage que nous ne le devinions, quand nous le maudissions comme l'auteur de nos maux futurs...

Ces maux ont été bien plus longs, bien plus terribles qu'on ne l'avait cru dans les jours du plus noir pessimisme. Les plus effrayantes prévisions, les plus folles terreurs ont été dépassées.

Eh bien, maintenant que nous avons vu de près le sabre, que nous avons pu apprécier ses œuvres, que nous savons ce qu'il nous a valu et ce qu'il peut nous valoir encore dans l'avenir, nous lui élevons des autels, nous nous donnons à lui corps et âme ; saisis de je ne sais quelle terreur folle, nous mettons en lui toute notre confiance, tout notre espoir, toute notre foi !

Tout par le sabre et pour le sabre !

La France a l'excuse de sa vieille passion pour les militaires. L'Allemagne a l'excuse de sa gloire nouvelle.

Mais nous qui nous mettons sottement à la remorque de ce mouvement, et, fragile pot de terre, commençons imprudemment, en compagnie des plus solides pots de fer, un voyage aventureux sur les grands chemins du militarisme, quelle excuse avons-nous à invoquer, si ce n'est cette sotte manie des faibles de n'oser pas avoir le courage d'une opinion, et de copier les puissants jusque dans leurs erreurs ?

On dresse là-bas un autel au sabre, vite il faut en dresser un ici...

La peste est chez le voisin, il faut lui ouvrir portes et fenêtres...

Le militarisme sévit à Berlin en même temps qu'à Paris ; il est indispensable qu'il sévisse à Bruxelles...

Et l'on va, l'on va, sans savoir où, sans y prendre garde plutôt, car l'histoire, celle des derniers événements en particulier, dit clairement où vont les peuples atteints de la peste militaire...

Souvent dans une foule il suffit d'un homme de courage et de bon sens pour arrêter une panique...

Il suffirait peut-être qu'un petit pays vît clair et eût le courage de ne pas faire comme les autres, pour arrêter ce mouvement qui pousse l'Europe vers des abîmes inconnus. Ce ne serait pas un mince honneur pour la Belgique, qui s'est toujours vantée de sa sagesse et qui a souvent ouvert les bras aux idées libérales et civilisatrices qu'on chassait d'ailleurs, ce ne serait pas un mince honneur pour elle de jouer ce rôle.

On a dit tout haut, au commencement de la guerre, une

grande vérité qui ressemble beaucoup à celles dont M. de la Palisse a tiré sa gloire, mais qui, malgré cela, — ou à cause de cela, — brave la contradiction : « Si on avait donné suite aux « idées de paix qui ont un instant soufflé en Europe, et si la « France et la Prusse avaient désarmé, la guerre de 1870 « n'eût jamais éclaté. »

Les grandes armées — on ne saurait trop le répéter — attirent la guerre plus sûrement que les paratonnerres n'attirent la foudre, — et elles n'ont pas la vertu des paratonnerres qui attirent et préservent en même temps.

II

On écrit beaucoup dans l'armée belge depuis quelques mois.

Les généraux et les colonels déposent leurs grands sabres pour prendre la plume, et inondent le pays sous une averse de brochures, qui réclament toutes une augmentation considérable des forces militaires de la Belgique.

Mon intention n'est pas de leur répondre. Je n'ai ni l'autorité ni les connaissances techniques qu'il faut pour cela. Toute ma science militaire ne va pas au delà de la charge en douze temps.

Mon intention n'est pas non plus de chercher à soulever contre l'armée belge la désaffection publique.

Elle n'est pas de celles qui font les coups d'État et que les bons citoyens doivent craindre. Elle a, dans maintes occasions, montré un patriotisme ardent, un courageux dévouement aux lois, qui la mettent au-dessus des injures et des soupçons dont on l'accable dans quelques cabarets politiques de bas étage.

Mais la plus sage armée du monde, comme la plus belle fille, ne peut donner que ce qu'elle a.

Je crois sincèrement que le développement excessif de l'armée, en amenant un développement inévitable de l'esprit militaire, deviendrait un jour ou l'autre fatal au pays.

Les armées, quoi qu'on en puisse dire, n'appartiennent à notre époque, ni par leur organisation, ni par leurs mœurs, ni par leurs lois.

Je me souviens qu'il y a quelques années, à l'époque où la presse et l'opinion publique disputaient aux rigueurs du code militaire la vie du sergent Fléron, un officier supérieur, homme d'un rare bon sens, prit la peine de m'exposer très-clairement l'état de la question.

« — Vous autres bourgeois, me dit-il, vous ne pouvez rien comprendre aux affaires militaires. Vous apportez, dans l'examen que vous en faites, vos idées modernes sur la justice, sur l'égalité, sur les droits du citoyen... N'oubliez donc pas que l'armée est un legs de la féodalité, une institution du moyen âge, que la méchanceté des hommes et les ambitions princières ont empêché de balayer avec tout le reste, et qui, transportée dans notre siècle, doit, pour conserver sa force, conserver ses vieilles lois de fer... Supprimez-la, si vous croyez pouvoir vous en passer ; mais si vous la maintenez, il faut absolument que vous lui permettiez d'en rester au moyen âge. »

Ces paroles me sont restées gravées dans la mémoire

Les généraux de plume, qui font aujourd'hui une si brillante campagne... de librairie, ne sont pas de cet avis ; ils soutiennent, au contraire, que l'armée est une école de moralité, de civilisation, de progrès, et quelques-uns voient dans l'enrégimentation des peuples, la réalisation de la grande idée démocratique.

Les augures de l'antiquité étaient moins forts : ils ne pouvaient se regarder sans rire...

Demandez si l'on rit au sein de la commission militaire !

Que sert d'ergoter ? Espère-t-on donner le change au public, et lui faire avaler plus facilement la pilule militaire en la dorant et en l'enveloppant de belles phrases ?

Le public sait à quoi s'en tenir. Tout crédule qu'il soit, on ne lui fera jamais croire que le progrès et la liberté fassent leur chemin, en marchant au pas derrière une musique militaire, dans la société de cent mille baïonnettes.

Notre organisation militaire réclamait une réforme démocratique, la suppression du remplacement qui faisait peser sur les classes pauvres toutes les charges de la milice, et l'établissement du service personnel et obligatoire. On la propose. Elle ne trouvera sans doute d'opposition ni aux Chambres, ni dans le gouvernement. On peut la considérer, dès à présent, comme chose faite.

Mais on se berce d'autres rêves dans les hauts parages de l'état-major ; et cette réforme, qui ne changera rien du reste ni à l'esprit ni aux mœurs de l'armée, n'est considérée que comme un acheminement vers la grande réforme qui doit, un jour ou l'autre, armer le pays entier et faire de tout citoyen un soldat.

La perspective effraye fort le bourgeois. Pour le rassurer, on lui dit :

« Ne voyez-vous pas que l'armée pour tous est la mise en pratique du grand principe égalitaire?... Quand tout le monde sera soldat, l'égalité sera établie de fait. »

L'égalité devant le caporal !... Merci de cette égalité-là !

S'il n'y avait encore que le caporal !

Mais au-dessus du caporal il y a le sergent.

Au-dessus du sergent, le lieutenant.

Au-dessus du lieutenant, le capitaine.

Et le major !

Et le colonel !

Et le général !

Le général, placé au sommet de l'échelle, voyant que tout le monde, depuis le colonel jusqu'au caporal et au dernier soldat, lui est également soumis, appelle ça l'égalité, tout court.

Éclairé par cet exemple, on verra sans doute un de ces jours, un particulier ingénieux proposer à ses concitoyens de leur faire cadeau de cette précieuse égalité, objet de tant de désirs et de tant de vaines poursuites.

« — Plus de distinction sociale !... Voulez-vous, mes chers concitoyens, devenir tous mes esclaves?... Je serai votre maître à tous. Et vive l'égalité ! »

Demandez aux jeunes gens qui ont connu la vie de caserne; ils vous diront que le despotisme du caporal est le plus odieux, le plus insupportable de tous.

Il n'y a pas de pire tyrannie que celle de la discipline.

Certaines gens, qu'on entend discourir bien haut, se font de la discipline une étrange idée, en la confondant avec l'obéissance et le respect de la hiérarchie. On s'imagine volontiers que le soldat a satisfait à la discipline la plus sévère, quand il a fait à ses supérieurs le salut militaire, qu'il a obéi docilement aux commandements, et qu'il a bien voulu se rendre à la salle de police sans murmurer, quand son caporal lui en a donné l'ordre...

Ah ! bien, oui !

La discipline est cette loi qui donne toujours raison, même quand il a tort, — surtout quand il a tort, — au soldat qui a un galon de laine, contre celui qui n'en a pas; au galon d'or, contre le galon de laine; à celui qui a une étoile au collet, contre celui qui n'a pas d'étoile; à celui qui a deux étoiles, contre celui qui en a une; à celui qui en a trois, contre celui qui en a deux.

C'est la discipline qui donne plus d'esprit et d'intelligence au crétin qui a une aigrette sur la tête qu'au simple imbécile coiffé de plumes blanches,—lequel, à son tour, a, en vertu de ces plumes blanches, plus d'esprit et d'intelligence que l'officier instruit dont le shako porte un pompon rouge.

C'est la discipline qui fait de l'homme un automate, une machine à manœuvrer qui porte les armes, les présente, croise la baïonnette, tourne à droite et à gauche, marche au pas, se laisse tuer au besoin, mais qui n'a pas la faculté d'avoir une idée, ni celle de l'exprimer, ni celle de parler, ni celle de penser...

Voilà, en vérité, une chose qu'il est bien nécessaire d'introduire chez un peuple libre à l'état d'institution ! On a souvent parlé de la génération de crétins que nous prépare l'enseignement clérical. Je voudrais bien savoir quelle génération nous préparera l'éducation militaire, à laquelle le développement qu'on veut donner à l'armée condamnera une grande partie des jeunes gens, et cela, dans toutes les classes de la société.

On s'épuise en efforts pour donner à l'enfant, non-seulement l'instruction, mais encore l'indépendance d'esprit et de caractère, nécessaire à qui doit remplir consciencieusement et honnêtement ses devoirs de citoyen... Et puis, à vingt ans, l'autorité militaire le prendra pour le mettre sous l'éteignoir de la discipline ! Ce ne sera plus un homme, ce sera un soldat qui ne saura qu'obéir !

Et c'est l'école de l'armée qu'on voudrait faire passer aujourd'hui pour une école de moralité politique ! La plaisanterie est vraiment trop forte.

C'en est fait de la vie politique, le jour où la discipline aura la première place dans les mœurs, où les citoyens auront pris, à la caserne, l'habitude d'obéir au commandement et de recevoir du supérieur le mot d'ordre.

On oublie tout ce qui compose l'éducation : le latin, le grec, les sciences... De l'éducation militaire, il reste toujours quelque chose ; qui a été soldat, reste soldat ; c'est une maladie dont on ne guérit pas.

Le bourgeois a peur de la caserne pour ses enfants, et il a raison d'en avoir peur. Les inventeurs du système militaire se trouvent, bon gré, mal gré, forcés de compter avec les craintes et avec les répulsions. Ils iront même jusqu'à pactiser, plutôt que de renoncer à une réforme dont ils attendent honneurs, influence et le reste...

En réalité, il n'y a pas de concession possible avec le principe militaire. Ceux-là même qui amusent maintenant le public de projets adoucis et adoucissants, qui réunissent l'utile à l'agréable et concilient les rigueurs du service avec les douceurs de la vie privée, savent parfaitement que leurs promesses sont dérisoires et qu'elles ne seront pas tenues.

Il faut à l'armée, — tous les gens du métier le disent du moins, — la discipline sévère, le rigorisme de lois empruntées au moyen âge, et l'isolement de la caserne, qui soustrait le soldat au contact du public qui pense, qui parle, qui voudrait faire penser et parler les autres...

On berce les mécontents avec cette vieille mystification qui fait toujours entrevoir le temps où l'intelligence viendra aux baïonnettes.

Des baïonnettes intelligentes !

Mais toute l'intelligence d'une baïonnette consiste précisément à n'en pas avoir !

Il ferait beau voir que les baïonnettes s'avisassent d'avoir de l'intelligence, elles s'aviseraient peut-être en même temps de vouloir comprendre ce qu'on leur fait faire et de discuter... De la discussion à la désobéissance, il n'y a qu'un pas.

Vous vous rappelez Fritz, le « mauvais soldat » de la *Grande Duchesse*, qui veut savoir le pourquoi, et qui prend la parole, dans les rangs, pour demander au général l'explication des commandements...

Mauvais soldat! mauvais soldat!

Je laisse à l'armée son esprit, ses lois, sa discipline, — je demande seulement qu'on me laisse en échange cette opinion bien sincère, qu'en habituant à la discipline militaire la partie jeune, vigoureuse, intelligente de la population, on risque fort de la rendre incapable de remplir le rôle qui lui était destiné sur le théâtre où se jouent le vaudeville politique et la grande pièce sociale.

On aura peut-être une nation qui fera parfaitement l'exercice, mais qui ne fera que cela, et chez qui l'amour du plumet, cette autre plaie du militarisme, se développera à l'état de passion permanente. Autre beau résultat !

On se croit bien raisonnable, bien fort contre le plumet...

Ah bien, oui ! les plus sages lui sacrifient sept fois en un jour. Personne n'est à l'abri du fléau.

Combien sont-ils d'hommes sérieux, grands adversaires du militarisme, — avocats, notaires, rentiers, tous gens que leur âge ou leur pacifique métier devaient rendre inaccessibles à ces folies, — qui, le dimanche, s'affublent de panaches et vont, à la risée des spectateurs, montés sur de hauts coursiers de bataille, exécuter par les rues des manœuvres drôlatiques?

Loin de moi l'intention de jeter du ridicule sur la garde civique ; elle a rendu de grands services, elle en rendra encore. Si jamais l'on en a ri, à qui la faute? A ce malheureux plumet, qui a mis à l'envers tant de têtes raisonnables, qui a compromis parfois l'institution dans les plus plaisantes aventures.

S'il n'était encore que drôle, le plumet!... Mais il échauffe la tête. Mis entre les deux oreilles d'un mouton, il le rendrait enragé et plus méchant qu'un vrai loup.

On a vu les bourgeois les plus paisibles, les plus inoffensifs se transformer subitement, sous l'uniforme, et montrer une ardeur batailleuse, qui va jusqu'à des brutalités dont on ferait des crimes aux soldats de profession.

Il n'y a pas si longtemps qu'on a vu les baïonnettes intelligentes, — privées soudain de toute intelligence, — réprimer des émeutes de la façon dont on s'y prendrait pour en provoquer une...

On a fait au moment même plus de tapage que l'aventure ne méritait. Elle est insignifiante.

Mais elle montre ce que vaut cet autre trompe-l'œil qu'on fait miroiter aux yeux de ceux que n'éblouit pas le pompon :
— Plus de soldats, tout le monde garde civique !

La maladie ne fait que changer de nom ; une garde civique destinée à prendre la place de l'armée devra être nécessairement organisée d'après les mêmes règles, soumise à la même discipline, imbue du même esprit ; — l'on sait maintenant qu'elle s'y abandonnera sans résistance.

Quelle que soit la forme sous laquelle on nous le présente, c'est le militarisme qu'on veut nous inoculer, — le militarisme qui fait de l'obéissance passive la seule loi de l'Etat, qui recrute exclusivement les grands hommes parmi les grands plumets, qui met le gouvernement aux mains des grands sabres, qui combat à outrance la pensée, la liberté elle-même, et qui légitime tous les triomphes de la force sur le droit.

Dieu sait ce qu'il fera de notre pauvre petite Belgique, qui était devenue grande, uniquement parce qu'elle avait eu le bon sens de rester libre, parce qu'elle laissait à ses citoyens le droit de tout penser, de tout dire, et qu'elle avait donné à l'opinion publique une souveraineté à côté de la souveraineté légale !

Ne parlons pas de ce qu'il lui mangera de forces vives et d'argent...

Les généraux donnent dans leurs brochures des calculs — fort beaux sur le papier — qui démontrent par $a + b$, que plus l'armée sera nombreuse, moins elle coûtera.

Les restaurateurs à bon marché ont la même façon de calculer ; aux consommateurs méfiants qui refusent de croire aux truffes et aux champignons dont on les gorge pour quarante sous, et qui demandent la clef de ce mystère, ils expliquent que plus ils donnent de truffes, moins ça leur coûte.

Il me semble voir les généraux, la serviette sous le bras, expliquant au pays que dans l'armée, les choses se passent comme à la gargotte, et qu'on se rattrape sur la quantité.

C'est le propre de toutes les réformes militaires de ne jamais rien coûter... d'avance. Comme dans les baraques de la foire, on ne paye qu'en sortant.

Pour moi, j'attendrai la présentation des comptes, pour me convaincre qu'une grosse armée doit coûter moins cher qu'une petite, et qu'on trouve une économie à équiper et à entretenir deux cent mille hommes, avec les accessoires, au lieu de cent mille.

En laissant de côté les fortifications d'Anvers, dont bienheureusement on n'a pas encore eu à faire l'expérience, la Belgique a déjà jeté dans le gouffre des dépenses militaires des sommes considérables ; — vrai tonneau des Danaïdes, puisqu'à cette heure, on est obligé de reconnaître que le matériel de défense est insuffisant, et que presque tout est à faire ou à refaire...

Si les dépenses augmentent, — et, malgré tous les calculs de généraux, elles doivent inévitablement augmenter, du moment qu'on augmente dans de fortes proportions l'effectif de l'armée, — elles finiront un jour ou l'autre par manger tout l'argent des caisses publiques.

On ne peut pas dire que dans cette voie, le premier pas soit le seul qui coûte ; le deuxième et le troisième coûtent également cher. Mais la première dépense est la seule qui fasse crier. Le public, dont la bourse solde les dettes du gouvernement, s'alarmera bien de lui voir acheter les cent premiers canons, mais une fois le pli donné, il ne s'inquiétera plus d'une centaine de plus ou de moins.

Le trésor n'est pas inépuisable. L'argent qui servira à payer l'équipement, l'armement, la conservation, l'amélioration d'une grosse armée, il faudra bien, à moins qu'on n'augmente les impôts ou qu'on ne découvre des sources de richesses nouvelles, finir par l'emprunter aux budgets voisins.

Bien des services publics sont déjà en souffrance, faute d'argent. Bien des travaux utiles, nécessaires, qui donneraient du pain à une grande partie de la classe ouvrière, ne se font pas ou restent inachevés, faute d'argent. Faute d'argent, l'enseignement public ne reçoit aucun développement, et ne rend aucun des services qu'il devrait rendre. Faute d'argent, l'industrie, les arts, les lettres ne reçoivent que des encouragements insuffisants.

Que sera-ce, quand le militarisme, avec sa grande sacoche où s'engloutissent les millions, toujours vide et toujours béante, montera la garde autour des caisses publiques, pour saisir au passage tous les écus qui voudront entrer ou sortir?

Je vais beaucoup faire rire les généraux sans doute, en confessant qu'à mon faible jugement, l'industrie et les arts combattent, eux aussi, pour l'indépendance nationale. Leurs victoires ne sont pas bruyantes, mais elles en valent d'autres ; et j'ai plus de confiance en leur aide qu'en celle d'une réserve de cinquante mille baïonnettes. Le gouvernement, en payant le secours d'aussi précieux auxiliaires, placerait plus sûrement son argent, au point de vue de l'avenir, qu'en le dépensant en munitions de guerre.

L'armée est une force, certainement... Mais l'instruction, aux mains d'un peuple intelligent, est une grande force aussi.

L'instruction n'existe pas en Belgique. Tout est à créer ; et on ne crée pas sans des sacrifices pécuniaires. Aussi faudra-t-il que le peuple reste ignorant, parce que le gouvernement n'aura pas le moyen de construire en même temps des écoles et des forteresses, de solder des instituteurs et des officiers, d'acheter des livres et des canons.

On fait grand'peur à la bourgeoisie du mouvement social dont l'*Internationale* a pris en mains le drapeau. On profite habilement des révolutions parisiennes et de la terreur qu'elles inspirent, pour lui cheviller dans l'esprit le respect et l'amour du sabre; on lui dit : — Armez-vous, car le peuple s'arme contre vous...

Et la bourgeoisie, plus effrayée que jamais, est prête à ouvrir les bras au sabre comme à un sauveur.

Le mouvement social en lui-même, qu'a-t-il donc de si menaçant, à part son alliance avec les brigands de la Commune?

C'est l'*Internationale* qui fait peur...

Mais on lui fait beau jeu, à cette *Internationale*, en s'armant contre elle, en lui donnant le droit de se décorer publiquement de l'auréole des martyrs.

Il ne faudrait pas de grands efforts pour lui arracher le drapeau, que la naïve confiance des ouvriers et la bêtise de la bourgeoisie lui laissent en main, et de montrer ce qu'elle veut, ce qu'elle vaut.

Mais c'est seulement en répandant l'instruction, en éclairant les classes ouvrières, en disputant le terrain pied à pied aux théories prétendûment socialistes de l'*Internationale*, en les prenant corps à corps dans les écoles, dans les ateliers, partout où se fait la propagande; en sachant discuter ce qu'il faut discuter, maintenir ce qu'il faut maintenir, concéder ce qu'il faut concéder...

Ah! la tâche est longue, difficile, laborieuse. Il faut une direction habile, et les gouvernements de l'heure actuelle doivent, s'ils veulent épargner de grands malheurs à l'Europe, y employer tous leurs soins, toutes leurs ressources.

Il faudrait apaiser; — on excite.

Il est certainement plus commode de donner des fusils, de

faire faire l'exercice, de passer des revues, et de dire : — Apprenez comment vous devrez vous y prendre pour vous entretuer un de ces beaux matins...

La situation commande des précautions; c'est vrai.

Mais des hommes raisonnables devraient savoir que jamais les baïonnettes n'ont dénoué un problème social.

La question sociale qui se dresse devant nous, menaçante, terrible, aujourd'hui sous le drapeau rouge de l'*Internationale*, demain sous un autre drapeau qu'on ne connaît pas encore, nous serons bien forcés de la résoudre.

Ne vaudrait-il pas mieux chercher sérieusement cette solution sur le terrain des lois, sur le terrain où se débattent les questions économiques, que de se préparer de gaieté de cœur des fusillades qu'un peu de sagesse peut éviter, et pour lesquelles on trouvera toujours malheureusement assez de fusils disposés à faire de la besogne?

Ont-ils donc compris ce qu'ils faisaient, ces gens de sabre, qui sont venus jeter dans les esprits des idées de luttes prochaines. Conseiller à la bourgeoisie de s'armer contre le peuple! On ne s'y prendrait pas autrement pour soulever le peuple et provoquer une révolution.

Laissons les terreurs du moment ; oublions la Commune, les incendies, le pétrole, les fusillades et toutes ces hideuses folies, qui nous ont épouvantés, comme jadis d'autres folies ont épouvanté nos pères. Ces débordements de la tourbe populaire ne se reproduisent qu'à de rares intervalles, et la question sociale n'est pas fatalement liée à l'*Internationale*.

Les gens sensés verraient, je crois, l'avenir avec plus de confiance, si, au lieu d'appeler les citoyens aux armes, on cherchait à faire comprendre aux classes bourgeoises que parmi les revendications de l'ouvrier, il y en a en réalité de justes et de raisonnables, que le code de nos lois consacre quelques inégalités et quelques injustices flagrantes, et que sans rien compromettre, sans rien ébranler, il serait facile, par quelques sages réformes, faites à temps et avec intelligence, de conjurer l'orage.

En montrant des baïonnettes, on a retardé des orages ; on n'en a jamais conjuré un seul.

Ce qu'on propose, c'est, sur une grande échelle, la mise en pratique du système des bourgmestres de campagne, qui, quand le froid sévit et rend la misère plus cruelle, organisent des patrouilles.

Quelques pains et quelques sacs de charbon distribués aux nécessiteux protégeraient beaucoup mieux sans doute les propriétés et les propriétaires.

Les temps sont durs ; faisons au pauvre l'aumône de quatre hommes et d'un caporal !

La question sociale attend une solution : endossons vite l'uniforme et apprenons à manier le fusil !

Admirables raisonnements, avec lesquels on fait sûrement des voleurs et des émeutiers !

———

Mais ceux qui s'en servent se préoccupent bien de la question sociale ! Ils utilisent la peur qui s'est emparée de la bourgeoisie, pour faire accepter plus facilement leur ours militaire ; c'est adroit et de bonne guerre.

Ils utilisent de la même façon les malheurs d'un voisin, les ambitions de l'autre, les rancunes de celui-ci, les fanfaronnades de celui-là. Les événements leur font beau jeu ; ils seraient bien maladroits de ne pas s'en servir.

La guerre civile d'un côté, la guerre générale en Europe, de l'autre... Jamais une pareille occasion de devenir une puissance militaire ne s'est offerte à la Belgique.

L'horizon est noir, c'est vrai. Les appétits de l'ogre prussien nous feront plus d'une fois trembler ; la folie belliqueuse de la France et sa soif de vengeance nous tiendront longtemps encore sous la menace d'une nouvelle conflagration.

Je ne suis pas de force à discuter les questions d'art militaire. Mais j'ai plus d'une fois entendu dire par des gens du métier qu'une petite armée, telle que nous en avons possédé jusqu'ici, suffisait amplement pour faire respecter notre neutralité, à la condition d'être conduite par des officiers habiles.

Ah ! par exemple, il faut de bons officiers !... Mais j'aime à croire que nous en avons ; je suis certain que nous en aurons.

Il n'est pas de belligérants, si nombreux qu'ils soient, qui ne reculent devant une violation de territoire qui leur mettrait sur les bras cent mille hommes.

Mais il se pourrait que la Belgique, objet de convoitises, eût à défendre, non plus sa neutralité, mais son indépendance...

Contre qui ? Bien certainement contre des voisins de grande taille, donc le choc l'écraserait, et dont la puissance lui enlèverait même tout espoir de défendre pied à pied ses frontières...

Notre petite armée est, en pareil cas, bien suffisante pour garder, en présence de n'importe quel ennemi, les murs d'Anvers, soutenue par l'élan national qui mettrait un fusil aux mains de chaque citoyen belge et qui ferait sortir de terre des légions de héros.

On n'espère point, n'est-ce pas, faire de la Belgique une puissance militaire qui puisse tenir tête à ces deux colosses qui s'appellent la France et la Prusse?

A quoi bon alors la soumettre à ce régime militaire qui dévorera en quelques années toutes ses forces vives, qui tuera certainement chez elle la libre vie politique, et qui, à un moment donné, peut, au lieu de sauver son indépendance, lui attirer des dangers sérieux?

Aura-t-on pour la Belgique armée la sympathie que l'on avait pour la Belgique faible et inoffensive?

On nous aimait parce que nous ne faisions de mal à personne et parce que nous n'en pouvions pas faire, parce que nous avions trouvé une force réelle dans nos libres institutions, dans notre prospérité matérielle, dans notre démocratique indépendance, et que nous étions faits puissants par les armes pacifiques.

Nation de soldats, nous perdons tout ce qui nous faisait aimer...

Nous deviendrons batailleurs; on n'échappe pas à l'ivresse du sabre...

Cinq ans de régime militaire, et la jeune génération, élevée au son du tambour, amoureuse d'uniformes et de lauriers, nous entraînera gaiement dans la première guerre venue.

Cinq ans de plus, et nous saisirons un prétexte pour déclarer la guerre à la Hollande, plutôt que de ne pas faire usage de nos armes et de nos beaux canons neufs...

On se promet d'avance de ne pas céder à cet entraînement. Et les plus forts y succombent; l'Allemagne elle-même y a succombé.

Et que de dangers dans cette vie d'aventures! Comme on nous fera payer cher nos turbulences militaires!

Tant que nous serons un peuple, on nous respectera; on sait que les peuples ont la vie dure.

Le jour où nous ne serons plus qu'une armée, le premier monarque militaire qui nous verra manœuvrer, nous prendra sans façon pour augmenter le nombre de ses régiments.

III

Vous souvient-il d'avoir entendu chanter dans les rues, il y a de cela quelques années, une chanson qui a eu son jour de popularité :

> Ils étaient quatre
> Qui voulaient bien se battre,
> Ils étaient trois qui ne le voulaient pas.

Qu'en résultait-il, et comment se dénouait ce grave conflit d'opinions, je ne le sais plus, si jamais je l'ai su. La seule chose que je me rappelle, c'est qu'à un moment de la chanson, les trois qui ne voulaient pas se battre affirmaient leur volonté d'une façon si énergique, que les quatre qui le voulaient bien se trouvaient forcés de prendre note de l'aveu, et répétaient sur l'éternel refrain :

> Nous sommes quatre
> Qui voulons bien nous battre,
> Vous êtes trois qui ne le voulez pas.

Le souvenir de cette ineptie me poursuit depuis quelque temps. Je suis plein d'admiration pour le courage de ces trois qui ne voulaient pas se battre et qui ont osé, malgré leur infériorité numérique, le dire si fermement aux quatre autres...

Ils sont plus de quatre en Europe, à cette heure, qui veulent bien se battre.

Mais nous sommes plus de trois aussi qui ne le voulons pas.

Et nous n'osons pas élever la voix; et nous laissons les autres faire leur tapage, nous contentant, pour toute protestation, de soupirer!

Plus tard, quand de nouvelles luttes viendront épouvanter le monde, brûlant les villes, détruisant nos richesses, moissonnant nos pères, nos fils, nos frères, nous verserons des larmes de sang, et nous nous reprocherons de n'avoir pas, dans ces quelques années de paix qui auront servi d'entr'acte, fait la guerre à la guerre, de n'avoir pas cherché à étouffer ces détestables idées militaires. Il sera trop tard alors...

Aujourd'hui il est temps encore de chercher à élever la digue qui doit sauver la civilisation, nos biens et nos vies, qui doit nous préserver contre la barbarie. Que dis-je? c'est l'heure même; on ne retrouvera pas un instant plus propice...

Les plaies sont encore béantes, les ruines fument encore; nous avons sous les yeux le spectacle affreux des maux de la guerre... *Et nunc erudimini gentes.* Peuples, instruisez-vous!

Si tous ceux qui pleurent, si tous ceux qui craignent le retour de ces horreurs s'unissaient pour former, dans toute l'Europe, une ligue de la paix, il faudrait bien que, devant cette formidable association, le militarisme baissât pavillon.

Nous en avons vu déjà des ligues de la paix...

Nous avons vu les partisans de la pacification universelle tenir des assises solennelles sous la présidence du soldat le plus turbulent du siècle entier, décréter le désarmement et la fraternisation, au dessert d'un banquet, la coupe de champagne à la main et la serviette sous le menton.

Nous avons lu de fort beaux discours et des toasts fort attendrissants...

Mais le jour où le canon, de sa grosse voix, a pris la parole, tous les amis de la paix se sont tus. Beaucoup ont disparu on ne sait trop où ; beaucoup ont endossé l'uniforme, et sont allés gaiement tuer leurs anciens compagnons de table.

C'était pourtant le moment d'affirmer ces grands principes, proclamés avec tant d'éclat. Mais on avait négligé de faire disposer entre les armées une tribune et une table servie ; il n'y avait ni sténographes pour recueillir les belles phrases ronflantes, ni cuisiniers pour cuire le veau et faire la salade ; les membres de la ligue de la paix se sont bien gardés de venir remplir leur sacerdoce.

Ces aimables farceurs reparaîtront sans doute un de ces jours, dès qu'on aura eu le temps de relever la table et de remettre la nappe.

Mais, cette fois, on leur rira au nez, ce qui ne leur enlèvera du reste ni l'appétit ni la faconde. Ils n'y perdront ni un beau discours, ni un bon morceau.

Assez de congrès ! Assez de paroles !... Le temps est fini où l'on s'amusait de ces parades. Elles sont lugubres maintenant...

La ligue qu'il nous faut, c'est une ligue sérieuse, sans congrès, sans fêtes, sans banquets, sans discours et sans toasts, une franc-maçonnerie nouvelle qui pourra embrasser le monde entier, et qui étendra ses ramifications partout où il y aura une mère pour disputer à la guerre la vie de son fils, un homme de cœur pour se dévouer au salut de la civilisation.

Les ouvriers ont bien su créer l'*Internationale* !

Serait-il plus difficile de créer l'*Internationale* de la paix et de l'humanité ?

Il ne s'agit ni d'émeutes, ni de révolutions... Il ne s'agit même pas d'obtenir des peuples qu'ils opposent un « non » catégorique aux volontés de leurs souverains, et qu'ils se mettent en grève contre la guerre...

Quelle grève pourtant serait plus légitime que celle-là ? Et de quel droit, après tout, des souverains disposent-ils dans un intérêt dynastique, des existences de tant d'individus étrangers à leurs querelles et à leurs ambitions ?

Mais le rêve est trop beau. Plus tard, peut-être... Il ne faut pas compter sur le bon sens des masses, et avant d'en arriver là, il sera nécessaire de briser bien des préjugés, de renverser bien des idoles.

Ce travail de destruction, on peut l'entreprendre dès aujourd'hui. Que partout à la fois on commence à battre en brèche les idées militaires. Il n'est besoin pour cela ni de meetings, ni de fougueux orateurs, ni de démolisseurs d'abus. C'est parmi les mères, parmi les instituteurs, parmi les écrivains, parmi les artistes que doit se recruter la ligue de la paix, parmi tous ceux qui ont charge d'âmes, et parmi tous ceux dont le rôle est de parler au cœur, à l'intelligence, aux instincts du public.

Étrange contradiction! on veut prêcher la paix, et on donne à l'enfant l'éducation qu'il faut pour en faire un soldat, non celle qu'il faut pour en faire un homme !

Depuis le berceau, on ne lui parle que de guerres et de batailles; on prend plaisir à développer en lui l'amour du plumet et cet instinct batailleur que, paraît-il, la nature nous donne à tous en cadeau, à le familiariser avec la guerre, cette guerre criminelle qu'on hait et qu'on maudit pourtant.

La mère, en entendant raconter les grands massacres, serre avec effroi contre elle son petit garçon, victime offerte d'avance à l'ogre guerrier.

Et quand le petit être, effrayé des terreurs dont il comprend vaguement le sens, vient à pleurer, on le coiffe d'un shako de carton, on lui attache au côté un sabre de fer-blanc, on lui met en main un petit fusil de bois, et on lui dit : Amuse-toi...

Il s'amuse... Il fait pif! pouf! paf!... Il donne sur les chaises des coups de sabre qui ont la prétention de fendre un ennemi en deux morceaux... D'un coup de fusil, il tue vingt hommes à la fois... Les parents trouvent cela charmant, et ils animent la bataille, en imitant tous les bruits de la mêlée... Boum, boum, le canon... Taratara, la trompette !

Et plus tard ils pleureront, quand, à vingt ans, le petit soldat d'autrefois se laissera tourner la tête par le premier plumet qu'on lui agitera sous les yeux, et quand il courra gaiement recommencer, au prix de sa vie cette fois, le jeu de la bataille, dès qu'on lui aura chanté aux oreilles des *taratara*.

Vous l'aurez voulu, parents Dandins...

On ne sait pas le tort que les soldats de plomb, les petits

sabres et les petits fusils ont fait à l'humanité. Qui sait? S'ils n'eussent pas été inventés, depuis longtemps peut-être les peuples auraient-ils pris l'habitude de laisser les souverains aller seuls en guerre, sur un magnifique tapis d'Aubusson.

L'amour de l'épaulette, du plumet, de l'épée, du tambour, — mauvaise passion qu'il faudrait combattre à tout prix et qu'on prend tout au contraire plaisir à encourager dès l'âge le plus tendre...

Visitez les maisons où l'on élève des citoyens de l'avenir, l'un de ces jours heureux où tombe sur l'enfance une pluie de jouets.

Partout, sur les tables, des batailles en règle, soldats de plomb et de papier mâché mêlés...

De grands zouaves, avec des joues roses et des vestes bleu de ciel, croisant des baïonnettes argentées; des régiments de vingt hommes commandés par des maréchaux brodés par devant et par derrière, montés sur des chevaux blancs, et tenant le bras tendu du côté de l'ennemi; des cuirassiers brillants comme des astres, le sabre en l'air; des tambours-majors, des drapeaux, des généraux...

Dans une maison, on joue du tambour; dans l'autre, on sonne de la trompette; ici, de petits canons lancent de gros pois au nez des visiteurs; là, on leur pique les mollets à coups de baïonnettes.

C'est partout la guerre, — la guerre joyeuse et amusante. Et les parents y prennent un plaisir extrême; et, de temps en temps, pour n'en rien perdre, ils interrompent la lecture des journaux qui leur racontent les massacres de la veille et qui annoncent ceux du lendemain.

La vue de ces plaisirs devrait pourtant leur serrer le cœur...

Je m'étais imaginé, moi, qu'après avoir vu la guerre et le sang versé à flots, les mères allaient arracher des mains de leurs enfants ces détestables jouets, qui rappellent et qui préparent peut-être tant de maux.

Il paraît que rien n'est changé...

Il faut pourtant, si l'on veut voir disparaître le prestige des armes, si l'on veut voir la génération future préservée de cet horrible fléau qui a nom, l'esprit militaire, que les mères s'en mêlent, qu'elles enseignent à leurs fils d'autres jeux que ceux du sabre, qu'elles leur apprennent à jouer à l'avocat, au médecin, au notaire, et à ne plus jouer uniquement au soldat.

La chose est plus sérieuse qu'elle ne le paraît au premier abord.

Plus de soldats de plomb, plus d'armes en miniature, plus rien de ce qui peut développer dans des têtes de dix ans cette dangereuse folie !

Est-il nécessaire que d'ici à la Saint-Nicolas prochaine, on tue encore cent mille jeunes gens pour faire comprendre aux parents le danger des jouets militaires ?

———

Ce que les shakos en carton ont commencé, l'éducation du collége l'achève.

Les études, qui portent prétentieusement le nom d'humanitaires, — quelle dérision ! — sont la perpétuelle glorification des gens de guerre et des conquérants.

Quel est le premier livre latin qu'on met aux mains de l'enfant? C'est le fastidieux *De viris illustribus urbis Romæ* de ce brave abbé Lhomond, le meilleur homme du monde, s'il n'avait sérieusement pris pour des hauts faits les brigandages des premiers héros romains.

De beaux héros en vérité! Des détrousseurs de nations, dont le moins criminel ne vaut pas le prix de la corde au bout de laquelle il mérite de figurer.

Rome, au temps de sa dure grandeur républicaine n'a pas connu d'autre gloire que la gloire des armes; elle a été éprise de conquêtes, de batailles, de massacres, et l'on n'était pas homme illustre chez elle sans avoir conduit une armée.

Mais deux mille ans ont passé par-dessus ces gloires ; et c'est une chose merveilleuse que de voir la simplicité avec laquelle nous recevons de ces Romains brutaux des admirations toutes faites !

Puis, après avoir suffisamment rempli la tête de l'enfant, à cet âge où l'on est si impressionnable, des exploits d'une quantité de soudards dont les hauts faits mériteraient aujourd'hui la cour d'assises ou tout au moins la police correctionnelle, on leur met soigneusement en main les *Commentaires de César*, ou l'art de faire la guerre mis à la portée des jeunes gens. De grammairien qu'il était, le professeur, pour expliquer ce livre instructif, doit se faire stratégiste et docteur en sciences militaires. Pendant deux ans entiers, l'élève vit dans les camps, faisant des charges de cavalerie sous forme de thème, des siéges de villes sous forme de version, entendant répéter tous les jours qu'en dehors de la gloire des armes il n'y en a aucune.

Dans Virgile, c'est toujours l'*Énéide* qu'on enseigne, et dans l'*Énéide*, c'est toujours la partie qui raconte la prise de Troie qu'on choisit, — par pudeur, pour n'avoir pas à choisir celle qui raconte les amours d'Énée et de Didon. Le professeur serait exposé à rougir devant ses élèves. Mais j'aimerais mieux voir ceux-ci rêver à l'aventure de la caverne qu'à la gloire hideuse des combattants de Troie. Si peu convenable que ce fût, ce serait plus moral.

Pour l'étude du grec, c'est encore pis. On commence par Xénophon et la *Retraite des Dix mille*. Encore un livre de tactique militaire ! Xénophon, le général Jomini de son temps !

On continue par l'*Iliade* ; en négligeant soigneusement les amusantes aventures de l'*Odyssée* pour les horribles exploits du fils de Pélée.

On termine par les discours de Démosthènes, le plus poltron des soldats, mais le plus belliqueux des orateurs, l'homme qui joua à Athènes les Émile Ollivier, qui lança aussi « d'un cœur léger » son pays dans une guerre funeste contre la Macédoine, la Prusse d'alors, et qui lui attira la ruine...

Une chose m'étonne, c'est qu'en sortant des écoles soi-disant humanitaires, les jeunes gens conservent assez de bon sens pour ne pas s'armer de flèches, de massues, et s'en aller en guerre, comme s'en alla M. de Marlborough.

Que leur a-t-on enseigné de l'histoire ? Des noms de généraux, des dates de batailles, la glorification continuelle des triomphes de la force brutale ? Rien autre chose. S'ils savent par hasard que le monde n'est pas uniquement un champ de bataille où le droit appartient au plus fort, c'est qu'ils l'ont appris en dehors de l'école. Et encore est-il défendu de le dire sur les bancs.

Je me souviens (s'il m'est permis de placer ici un souvenir personnel) qu'élève de rhétorique, j'ai eu, comme devoir d'histoire, à apprécier le règne de Charlemagne. J'étais très-jeune encore; mais déjà le sabre m'inspirait peu d'admiration; j'avais timidement insinué dans ma narration que les procédés du grand empereur envers les Saxons n'ajoutaient rien à sa gloire, et qu'il valait mieux en somme comme législateur que comme conquérant... J'ai reçu, pour cette audace, une des plus vertes semonces qui soient jamais tombées du haut d'une chaire. Et cela se passait, non pas dans une école d'enfants de troupe, mais à l'Athénée de Bruxelles, dans une école soi-disant libérale.

Avez-vous lu l'*Histoire d'un sous-maître*, de MM. Erckmann et Chatrian, les deux écrivains de ce temps qui ont certainement entrepris l'œuvre la plus morale, la plus saine, et qui ont le mieux servi le progrès des idées? Il y a là, sur l'enseignement, une page très-vraie, qui est la conclusion du livre.

« Moi, ce qui m'intéresse le plus, c'est de savoir ce
« qu'enseigneront ces maîtres d'école nombreux et bien payés.
« Leur enseignement sera-t-il démocratique? Voilà le fond de
« la question. S'ils doivent continuer d'apprendre à nos

« enfants ce qu'ils leur ont enseigné jusqu'à ce jour, j'aime-
« rais presque autant en avoir moins, parce qu'ils feraient
« moins de mal. Il y a instruction et instruction. On peut
« être instruit et très-bête, cela se voit tous les jours. Est-ce
« que les Allemands par exemple, qui savent tous lire et
« écrire, qui sont le peuple le plus instruit de l'Europe, ne
« font pas une guerre à mort à la République française, qui
« représente et défend les droits de l'homme, leurs droits
« comme les nôtres? D'où cela vient-il? De la mauvaise
« instruction qu'on leur donne; au lieu de leur enseigner
« l'amour de l'humanité, de la liberté, de la justice, on leur a
« fourré dans la tête des idées de vengeance et de domina-
« tion. Avec leur grande science, tous ces gens sont donc
« très-bornés, puisqu'ils se font casser les os pour des histoires
« du temps de Clovis, au profit de rois et de princes qui se
« moquent d'eux...

« ... C'est aussi notre devoir d'exiger que l'instituteur
« apprenne à nos enfants l'histoire de la race française et le
« catéchisme des droits et des devoirs du citoyen français. Je
« dis l'histoire de la race française et non l'histoire des rois
« de France, afin qu'on sache ce qu'était le peuple du temps
« des Gaulois, sous les Romains, les Mérovingiens, les Carlo-
« vingiens, les Capétiens, ce qu'il supportait, ce qu'il souffrait,
« ce qu'il endurait, enfin ce qu'il était dans la nation. Qu'on
« raconte aux enfants les améliorations, les inventions, les
« progrès de l'instruction, de la liberté, de l'agriculture, du
« commerce, de l'industrie, qu'on grave dans leur mémoire
« les noms des hommes qui ont fait ces découvertes, provoqué
« ou réalisé ces améliorations, voilà ce qu'il faut apprendre,

« et les hommes qu'il faut connaître, aimer et respecter dès
« l'enfance. »

Mais ces choses-là ne s'enseignent encore nulle part, pas plus en Belgique qu'en Allemagne et en France.

Et l'on continue partout à nourrir l'esprit des enfants avec *des histoires du temps de Clovis*, de ce bon temps où le Code pénal n'avait encore inventé ni l'homicide, ni le vol, où les grands prenaient leur bien aux petits, les tuaient au besoin pour éviter les réclamations, et où toute la question sociale se réduisait à être le plus fort...

Des grandes idées modernes, des idées de paix, de fraternisation, de progrès, dont le développement a pu nous faire croire un instant que le temps des guerres était à jamais passé, on a bien soin de ne pas souffler un traître mot.

Et que sera-ce quand partout, dans les écoles, à l'étude des sciences et des langues, on ajoutera l'étude du fusil? L'idée de transformer les colléges en petites écoles de régiment trouve beaucoup d'amateurs, et sera mise à exécution ou du moins essayée...

Qu'on apprenne aux enfants le métier de soldat, soit. Mais qu'on leur apprenne en même temps leurs devoirs et leurs droits de citoyen, qu'on ne leur remplisse pas uniquement la tête de glorioles militaires. Encore une fois ce qu'on demande à l'éducation, c'est de faire des hommes et non de la chair à canon.

La question est très-grave, et ce ne sera pas trop de l'effort de tous les gens sensés, de tous ceux qui veulent sincèrement la paix, pour venir à bout de vaincre la vieille routine. Mais le but vaut bien quelque peine...

Quand on sera venu à bout de déblayer l'enseignement, de le débarrasser de ce qu'y ont déposé tant d'années d'ignorance et de soumission servile, de le conformer aux aspirations, aux besoins de l'époque, on aura fait un pas énorme.

Tout ne sera pas fait, c'est vrai. Mais le reste suivra peu à peu. Il ne faudrait que l'arrivée sur la scène du monde d'une génération élevée en dehors de ces sottes idées pour changer bien des choses.

Maîtresse de l'enseignement, une ligue de la paix, sérieuse et intelligente, n'aura pas de peine à se rendre maîtresse des arts et des lettres.

Quelle conspiration plus sainte que celle-là? Tous ceux qui, par la voix, par la plume, par le pinceau, parlent à l'esprit ou à l'imagination, s'unissant pour assurer le triomphe des idées pacifiques...

C'est un rêve peut-être... Mais faut-il désespérer d'enrégimenter, pour cette nouvelle croisade, une armée d'écrivains et d'artistes assez nombreuse, assez vaillante pour marcher en avant avec quelque espoir de succès?

J'ai nommé tout à l'heure MM. Erckmann et Chatrian; ils ont montré la voie; ils ont, par leur exemple, dissipé un fâcheux préjugé, et prouvé que cette tâche de pacification peut s'allier aux plus chaudes aspirations du patriotisme.

Le militarisme tient, dans la littérature, une place considérable... Il faut qu'il en sorte. Plus de panégyriques de conquérants ; plus d'histoires populaires des grandes guerres de conquêtes; plus de héros en uniforme dans les comédies et dans les romans; plus de pièces militaires surtout. Les histoires de Cartouche et de Mandrin, qui passent pour les grammaires du crime, n'ont pas causé plus de mal au peuple que n'en ont causé les nombreux livres dédiés à la gloire de Napoléon et de la grande armée, y compris le *Consulat et l'Empire*.

M. Thiers ne s'est-il jamais demandé, dans les heures d'insomnie qu'a dû lui causer le canon de Paris, quelle influence a eue sur l'esprit français cet admirable ouvrage, d'autant plus dangereux qu'il est mieux fait?

Pour moi, je crois sincèrement que le jour où se fera le jugement dernier des écrivains, le *Consulat et l'Empire*, malgré ses nombreux volumes, ne vaudra qu'un fétu de paille à côté du *Conscrit de* 1813, dans la balance où se pèseront les bons livres.

Les peintres n'ont-ils pas, dans la nature, dans l'histoire, dans la vie réelle, assez de sujets d'étude pour renoncer à ces toiles qui montrent les batailles dorées et riantes?

Soit, qu'on peigne la guerre, mais qu'on la peigne alors hideuse, terrible, vraie; qu'on montre les combattants souillés de boue et de sang, défigurés par la fureur, par la rage sanguinaire, transformés en bêtes féroces ; qu'on cesse de mettre des auréoles à tous les casques et de montrer des vainqueurs qui triomphent frais et souriants à la façon des archanges ou des écuyers de l'Hippodrome. Charmantes mêlées qu'on ne peut voir sans éprouver l'envie de s'y jeter, tant on s'y bat gracieusement et tant on y meurt avec gaieté...

Les photographes, les marchands d'estampes n'ont-ils donc à montrer à la curiosité des badauds que des portraits de généraux?... Si encore ils étaient beaux les généraux! Mais ils sont le plus souvent affreusement laids. Franchement, j'aimais mieux la mode qui s'était introduite, il y a quelques années, d'exposer des portraits d'actrices et de filles à demi nues dans des attitudes provoquantes. On a fait beaucoup de vacarme; la police a dû s'en mêler. C'était souvent indécent; mais c'était moins immoral, à mon sens, que cet étalage de héros qui constitue une excitation permanente des passions belliqueuses.

Cela paraît, au premier coup d'œil, un paradoxe; en y réfléchissant, on reconnaît vite que rien n'est plus vrai. C'est triste à dire, mais ils sont encore plus nombreux qu'on ne pense les gens à qui la vue d'un uniforme fait perdre la tête...

———

La lutte contre l'uniforme, — de loin elle ne paraît pas plus sérieuse que la guerre de Don Quichotte contre les moulins à vent; de près elle fait peur... Si les femmes ne s'enrôlent pas en masse dans la ligue de la paix, on n'en viendra jamais à bout, de ce maudit uniforme.

Que leur demande-t-on?. Peu de chose. Ne plus sourire aux épaulettes qui brillent, aux panaches qui ondoient, aux éperons qui sonnent... Et ce sera vite fini des vocations militaires !

Mais la femme est toujours femme et ne sera jamais que femme, comme dit Gros-René... Si toutes n'ont pas la franchise de la Grande-Duchesse, toutes, les amantes comme les mères, celles qui ont aimé, celles qui aiment, celles qui aimeront, toutes comprennent sa passion pour les militaires, leur air vainqueur, leur plumet...

La Bible ne le dit pas ; mais je suis bien certain que si Ève a écouté le serpent, qui était le plus malin des animaux, c'est que la profonde malice du tentateur lui avait suggéré l'idée de mettre des éperons, des épaulettes d'or et un shako à plumes blanches...

La femme déteste la guerre et le carnage ; elle n'aime que l'uniforme.

Les plaisants ont eu beau jeu et se sont exercés sans pitié sur cette passion. Quelles plaisanteries n'a-t-on pas faites ? Des antimilitaristes ont demandé qu'on envoyât les soldats à la revue en habit noir et en cravate blanche, pendant que les notaires feraient des testaments avec des dolmans de hussards, et que les juges rendraient des arrêts costumés en lanciers polonais et ornés de moustaches effilées...

Ils prétendaient, les farceurs, que les études et les prétoires seraient encombrés de femmes, que les revues seraient désertées, et qu'avant dix ans il ne serait plus question de guerre, parce que tous les jeunes gens voudraient être magistrats ou notaires.

Et si grosse que fût la plaisanterie, on était forcé de reconnaître qu'elle avait un fond de vérité, et que l'essai ne donnerait peut-être pas tout à fait tort aux inventeurs de l'idée.

On dit que partout les uniformes des armées vont être ramenés à une simplicité toute primitive, et que tous les ornements disparaîtront. C'est parfait. Mais quelque chose qu'on enlève, on aura toujours enlevé trop peu, tant qu'il restera un plumet, une dorure, n'importe quoi de voyant et de scintillant...

Je voudrais voir disparaître tout ce qui popularise l'armée, les revues, les parades, tout, jusqu'aux musiques qui font courir la foule au passage des régiments, qui attirent les femmes et les enfants aux fenêtres, qui donnent aux citoyens de l'avenir l'habitude de marcher au pas entre les pelotons, et qui pour tous les badauds font du service militaire un amusement.

On ne sait pas combien les musiques, jouant des marches d'Offenbach, à grands renforts de cuivres et de grosses caisses, ont fait de vocations militaires.

Tout cela doit paraître bien puéril. Faire la guerre à l'uniforme et aux musiques militaires, quel enfantillage!

Enfantillage, soit. Mais il faut bien s'occuper des enfantillages, puisque les hommes sont assez enfants pour conserver, à l'âge des choses sérieuses, l'amour des jouets militaires qui ont fait les délices de leurs premières années.

Combien se font militaires par vocation réelle? Combien continuent à jouer au soldat pour l'amour des oripeaux du métier?

Seulement ces jeux, inoffensifs pour les enfants, deviennent dangereux quand les hommes s'en mêlent.

Une histoire raisonnée de la guerre des Communeux dira peut-être, un jour ou l'autre, ce que l'amour du galon a donné à la Commune de généraux et de soldats, et ce qu'il a fait verser de sang.

Les magasins de passementiers de Paris ont été vidés par l'état-major de la Commune. S'il les avait trouvés vides, qui sait? La guerre, faute de généraux, se serait peut-être bornée à une simple défense de barricades.

Versailles n'avait en tête de ses régiments que des tambours et des clairons. Les gens de l'Hôtel de Ville, qui ont fini par faire la chasse à l'homme valide, ont commencé par donner une musique à chaque bataillon de la garde nationale. Les événements ont montré que le meilleur mode de recrutement n'était pas celui du dernier jour.

———

Chercher à tuer le prestige des armes, sous toutes ses formes, même les plus enfantines, voilà, me semble-t-il, la tâche que les douleurs et les crimes de l'épouvantable crise qui vient de finir imposent à tous ceux qui pensent, à tous ceux dont la vue dépasse la longueur d'une baïonnette, et qui craignent, pour l'avenir, le retour de ces mêmes malheurs.

C'est le développement des idées belliqueuses qui nous a valu la guerre. Etouffons donc les idées belliqueuses au lieu de les encourager, si nous ne voulons plus de guerres...

Comme le combat de Rodrigue, qui cessa faute de combattants, il faut que faute de combattants, les guerres futures cessent avant de commencer.

On ne parviendra pas tout de suite à renverser le vieil édifice militaire. Les terreurs inspirées par les ambitions de la Prusse, les projets de vengeance de la France d'une part, par le mouvement ouvrier de l'autre, lui ont rendu une nouvelle solidité.

Si la prudence commande de compter avec les nécessités du moment, au moins ne donnons pas au militarisme tout notre avenir.

Nous vivons dans un siècle de fer et de feu, disait l'autre jour un des organes officieux du gouvernement ; *qu'on le déplore à la bonne heure...* Et il faisait suivre cette généreuse concession d'un sermon en trois points sur la résignation.

Eh bien, non, nous ne voulons pas nous résigner ; non, nous ne nous contentons pas de déplorer...

Car ce n'est pas vrai ; notre siècle n'est pas un siècle de fer et de feu ! C'est un siècle de civilisation, de lumière, de progrès...

S'il a plu à quelques hommes de chercher à l'arrêter dans sa marche et à le ramener vers les âges de feu et de fer, il nous plaît, à nous qui sommes le peuple et qui payons leurs criminelles folies de notre prospérité, de notre sang, il nous plaît de ne pas reculer, de continuer notre route en avant !

Que les autres les suivent docilement, nous voulons, nous, résister, car nous avons pour nous la raison, l'humanité.

Comment ! parce qu'un peuple court à l'abîme, il faudrait que tous nous fissions le saut après lui !

Nous ne voulons pas être livrés pieds et poings liés au militarisme, — qui nous vaudra de nouvelles guerres et qui finira par tuer la civilisation.

Il n'y a qu'un axiome incontestablement vrai...

Si vis pacem, para... pacem.

George VAUTIER.

27 juin 1871.

www.ingramcontent.com/pod-product-compliance
Lightning Source LLC
LaVergne TN
LVHW021743080426
835510LV00010B/1327